COLEÇÕES NATUREZA

VARANDAS

de Casas e Apartamentos

EDITORA EUROPA 25 Anos

Editora Europa
Rua MMDC, 121 – CEP 05510-900 – São Paulo, SP
Telefone (11) 3038-5050, Fax (11) 3038-5040
atendimento@europanet.com.br
www.europanet.com.br

Editor e Publisher Aydano Roriz
Diretor Executivo Luiz Siqueira
Diretor Editorial Roberto Araújo

Edição Christiane Fenyö
Capa Welby Dantas
Revisão de Texto Mariane Genaro
Edição de Arte Leticia R. C. Nunes

Dados Internacionais de Catalogação na Publicação (CIP)
(Daniela Momozaki – CRB8/7714)

Varandas de casas / diretor editorial Roberto Araújo -- São Paulo : Editora Europa, 2012 (coleção Natureza)

ISBN: 9788579601248

1. Arquitetura - Brasil 2. Arquitetura habitacional - Projetos e construção – Brasil 3. Arquitetura - Projeto e plantas II. Série

CDD 728.920981

Índice para o catálogo sistemático
1. Brasil : Arquitetura : 728.920981

Comercial
Flávia Pinheiro - flaviapinheiro@europanet.com.br (11) 3038-5100
Fabiana Lopes - fabiana@europanet.com.br - (11) 3038-5058

Promoção
Aida Lima - aida@europanet.com.br - (11) 3038-5118

Impressão e Acabamento
IBEP Gráfica

Eduardo Tarran

O melhor lugar da casa

A varanda nunca foi tão valorizada quanto hoje em dia. Na casa ou no apartamento, ela é o espaço que merece a maior atenção. O curioso é que ela não tem as atrações típicas de outros ambientes. Televisão, sistemas sofisticados de som ou equipamentos eletrônicos, nada disso combina com uma varanda.

Varandas existem para a gente conversar. Não o diálogo tenso dos negócios, dos momentos decisivos, mas a conversinha boa de um final de tarde, contando casos, dando risada, fortalecendo amizades e amores.

Esse uso nem é muito pensado. Acontece naturalmente. É por isso que a varanda deve ser planejada para pouca gente, com poltronas bem confortáveis, para que a conversa possa prosseguir sem pressa, por horas, enquanto o corpo, bem acomodado, descansa.

Quem incentiva essa intimidade das conversas são as plantas. Elas compõem o cenário perfeito com o verde de suas folhagens e o colorido de suas flores. São elas que dão o acolhimento, a sensação de bem-estar, a integração com a Natureza que tanto favorece os bons relacionamentos.

Uma boa varanda oferece ainda o que talvez seja a coisa mais difícil de se obter na vida moderna: momentos da mais pura e deliciosa solidão. Passar um tempo sozinho apenas ouvindo o barulho do vento batendo nas folhas e flores do brinco-de-princesa pode ser o melhor momento do dia.

Fizemos esta edição dedicada exclusivamente às varandas para encher sua cabeça de ideias para aproveitar esse espaço mais que privilegiado. Você vai ver as melhores soluções que diversos profissionais consagrados encontraram para aproveitar cada centímetro desse ambiente. E, é claro, a indicação das plantas que se dão melhor nessa área em que o cultivo não é tão óbvio como em outros lugares.

Acredite, quando tudo estiver pronto, você não verá a hora de desligar a TV e ir para a sua varanda, só para bater um bom papo.

Roberto Araújo
araujo@europanet.com.br

I Sumário I

Varandas

Projeto: Gilda Meirelles (arquiteta)

de casas

Conheça os diferentes tipos de varanda, confira dicas de decoração e inspire-se em dois belos projetos

Entre a casa e o jardim

Projeto: Alexandre Galhego (engenheiro agrônomo e paisagista); Arquitetura: Andréa Gonzaga; Foto: Valerio Romahn

Na varanda, as pessoas podem descansar, conversar e apreciar a bela vista para o jardim

De estilos variados, as varandas reúnem em um ambiente confortável o melhor das áreas interna e externa

A varanda é mais do que uma área de passagem ou uma extensão da casa. É nela que o conforto e a proteção do interior se unem à agradável sensação de liberdade proporcionada pelo ambiente arejado e pela vista do jardim. Não é a casa propriamente dita; também não é o jardim em si. Mas é justamente nesse ambiente de transição, entre um lugar e outro, que se pode curtir o melhor dos dois.

No campo, na praia e até na cidade, a varanda pode ser o ambiente mais atrativo para ler um livro, para namorar, para fazer refeições em família ou para descansar.

Seja qual for a estrutura – alvenaria, ferro, madeira ou um simples toldo – uma varanda também ganha vida com os móveis e as plantas certas. Nas próximas páginas, você verá como combinar tudo isso para criar uma varanda no estilo que mais for do seu agrado.

O ideal é que a varanda e a casa tenham o mesmo estilo

Projeto: Eneida Fairbanks (arquiteta da EF Arquitetura); Foto: Eduardo Tarran

TIPOS DE VARANDA

Como a varanda é uma extensão da casa, ela deve acompanhar o estilo arquitetônico do restante da construção, seja ela requintada, despojada ou rústica. Ambientes mais modernos ou sofisticados requerem alvenaria ou estruturas metálicas. Já a madeira combina melhor com casas de campo com decoração rústica. Confira alguns exemplos e descubra qual dos tipos combina com o seu espaço.

Projeto: Aglaê Mazorra (paisagista); Foto: Valerio Romahn

Nessa varanda, a laje do telhado foi deixada à vista

■Alvenaria

As varandas com estrutura em alvenaria são ideais para casas na praia ou em regiões de clima tropical, pois mantêm o ambiente fresco mesmo em dias de muito sol. No acabamento do telhado, é possível optar por deixar a laje à vista, como no projeto acima, da paisagista Aglaê Mazorra, ou escolher telhas de diferentes materiais. As cerâmicas são as mais usadas e podem ser do tipo portuguesa, colonial ou italiana, entre outras. Já as telhas asfálticas, embora menos comuns, apresentam uma vantagem: são mais leves e sobrecarregam menos a estrutura do telhado.

A estrutura de alvenaria isola melhor o calor do sol

Ilustrações: Bussadori

Projeto: RRG Engenharia; Foto: Divulgação

No projeto acima, a varanda foi coberta por piaçava. Dependendo do material escolhido, é importante usar uma cobertura adicional de vidro

■Madeira

Varandas com estruturas de madeira combinam com regiões de praia e com casas de campo rústicas. Normalmente, são cobertas por telhas de cerâmica, mas há outras variações possíveis, como esteiras de bambuzinhos ou trançados de palha. Nesses casos, é recomendável usar uma cobertura adicional de vidro laminado ou policarbonato.

No projeto à esquerda, criado pela RRG Engenharia, a estrutura semicircular foi construída em madeira, com cinco pilares de troncos de aquariquara mantidos *in natura* com o caule disforme. A cobertura de piaçava reforça o toque rústico.

A varanda em estilo provençal tem estrutura de ferro com policarbonato

Projeto: Vânia Moura (arquiteta paisagista) e Sônia Vidigal (paisagista). Foto: Valerio Fomahn

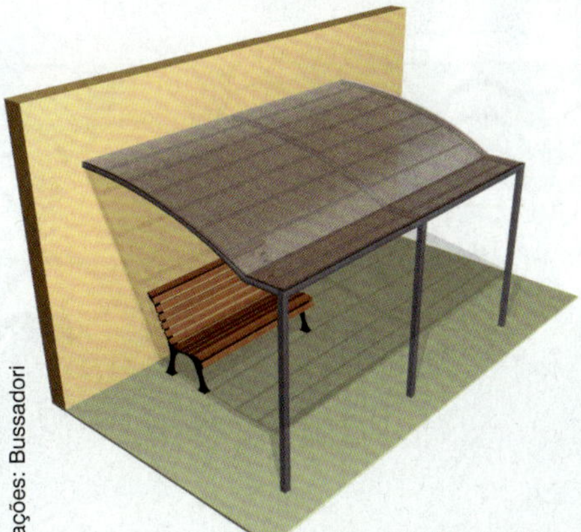

Ilustrações: Bussadori

Por ser flexível, o policarbonato é ideal para cobrir estruturas curvas

Projeto:Maria Eugênia Prada (paisagista); Foto: Valerio Romahn

No projeto da paisagista Maria Eugênia Prada, uma persiana sob o vidro evita que a varanda fique muito quente

■Alumínio e ferro

As estruturas de alumínio e ferro dependem do talento de um bom serralheiro para serem construídas. Isso porque, no Brasil, não existem peças prontas ou semiprontas à venda em lojas.

Elas geralmente apresentam cobertura de vidro laminado ou policarbonato – a vantagem do segundo material é que, por ser flexível, ele pode ser usado em estruturas curvas – e são indicadas principalmente para regiões de temperaturas amenas, pois, sob o sol escaldante dos trópicos, tendem a se comportar como estufas, retendo muito calor.

Uma alternativa para minimizar o problema é utilizar, sob a cobertura, persianas horizontais feitas de tecidos ou esteiras de bambuzinhos.

Projeto:Sig Bergamin (arquiteto) / Casa Cor São Paulo; Móveis: Casual Móveis e Jacaré do Brasil; Toldo: Arthur Toldos e Coberturas

Os toldos protegem a varanda do sol e mantêm a temperatura agradável

■Toldos

Menos comuns, os toldos vão muito bem em ambientes como o da foto ao lado, projetado pelo arquiteto Sig Bergamin. Além de não reterem muito calor, eles permitem que o ambiente receba ventilação constante.

A maior vantagem dos toldos é a mobilidade – ora pode estar aberto, ora fechado –, o que propicia usos diferentes para a varanda. Em dias de muito sol ou chuva, as pessoas e os móveis ficam protegidos. Já em dias de clima ameno, basta abrir o toldo para que os raios solares tomem conta do ambiente. Existe uma grande variedade de toldos à venda no mercado, alguns com acionamento manual e outros motorizados.

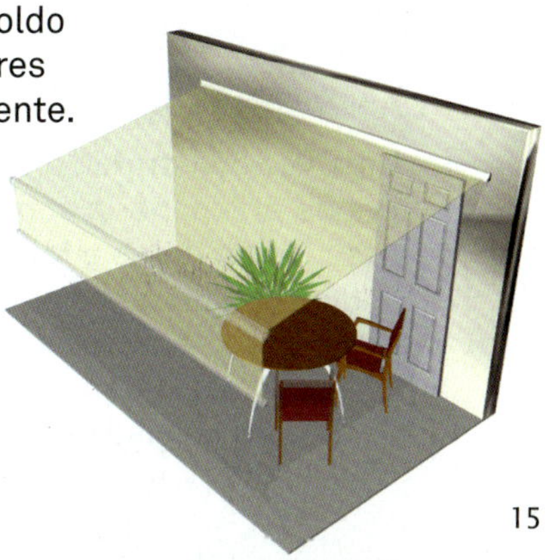

PLANTAS NA VARANDA

Uma vez construída a varanda, é hora de preenchê-la com plantas. Entre flores e folhagens, em vasos no alto ou no chão, sua varanda pode se transformar num ambiente aconchegante e com uma vista privilegiada do jardim.

Para escolher as espécies, o segredo é observar a luminosidade da área e selecionar, dentre as plantas que se adaptam à condição e luz existentes, as que mais o agradam.

Ocoração-sangrento (*Clerodendrum x speciosum*) forma um arco robusto na varanda

Projeto: Vânia Moura (arquiteta paisagista) e Sônia Vidigal (paisagista)

A ipomeia-azul (*Ipomea purpura*) é outra boa opção para emoldurar a varanda

▪Trepadeiras como moldura

O sobe-e-desce emaranhado das trepadeiras cria um efeito ornamental belíssimo em varandas. Além de embelezar, elas garantem certa privacidade e trazem graciosidade às estruturas.

Basta plantá-las junto a pilares e conduzi-las aos poucos, conforme crescem. Em cerca de um ou dois anos, você terá um bordado emoldurando a paisagem.

As samambaias são ótimas para varandas sombreadas

Projeto: Meire Gomide (decoradora)

■Vasos no alto

Para facilitar a circulação de pessoas na varanda, é importante distribuir corretamente os elementos de modo a ganhar mais espaço. Vasos, cestas ou bolsas penduradas em paredes podem ajudar. Mas tenha cuidado para que esses objetos não se transformem em barreiras.

As herbáceas pendentes – que crescem em direção ao chão – são as melhores espécies para o cultivo em vaso na varandas. A dica para manter as plantas vigorosas é colocar os vasos nas proximidades dos beirais, onde eles recebem mais luz. Já para ambientes mais sombreados, as samambaias são uma boa opção.

Por receberem mais sol, as herbáceas pendentes se

desenvolvem melhor no beiral da varanda

Foto: Aydano Roriz

SOL PARA AS PLANTAS

Antes de escolher e posicionar as plantas na varanda, é preciso descobrir para que face do terreno ela está voltada. Levando em conta que o sol nasce a leste, estendendo o seu braço direito para o nascente, você terá o norte à sua frente, o oeste à sua esquerda e o sul às suas costas.

•Varanda voltada para o norte
É a mais iluminada pelo sol, recebendo mais do que quatro horas diárias de luz. Podem ser cultivadas principalmente plantas floríferas.

•Varanda voltada para o sul
É a menos iluminada. Não recebe luz direta, pois nela se projeta a sombra da casa. Apenas folhagens, em especial as samambaias, vão bem.

•Varanda voltada para o leste
Recebe o sol da manhã e menos de quatro horas de luz direta. Ainda assim, é possível cultivar espécies com flores.

•Varanda voltada para o oeste
Recebe o sol quente da tarde por menos de quatro horas. Mesmo assim, é possível cultivar plantas floríferas nesse tipo de varanda.

Ilustrações Euroimagem

Ambientação: Casa da Fazenda do Morumbi; Flores: Garden Center Morumbi; Foto: Valerio Romahn

Espécies de pequeno porte podem ser cultivadas em vasos próximos a pilares da varanda, para dar charme e elegância

O vaso de cruzetas com um buxinho (*Buxus sempervirens*) decora a varanda rústica

Vaso: Kátia Rodrigues de Almeida (paisagista); Foto: Valerio Romahn

Vasos no chão

Os cantinhos da varanda que não estão ocupados por móveis são perfeitos para receber vasos. Mas é melhor que sejam cantinhos mesmo, distantes das áreas de passagem para não incomodar nem provocar tropeções. Segundo a arquiteta paisagista Vânia Moura, a dica é não exagerar no tamanho do vaso ou da floreira escolhida. "Vasos com diâmetro entre 50 cm e 60 cm e floreiras com 20 cm ou 30 cm de altura são ideais para varandas", aconselha.

O porte das plantas também é importante. Muitas espécies, como as frutíferas, crescem somente 30% do tamanho original quando cultivadas em vasos. "Jabuticabeiras e laranjeiras, por exemplo, não passam dos 2 m de altura", indica Vânia. Essas espécies podem ser posicionadas nos limites da varanda para assumir funções específicas, como dar privacidade, atenuar ruídos e proteger do sol.

DECORAÇÃO E ESTILO

Se a estrutura da varanda deve ser condizente com a arquitetura da casa, o mesmo vale para a decoração. Assim, a escolha de móveis e objetos que serão combinados deve partir do estilo já adotado nos outros ambientes.

Clássicos, românticos ou modernos, o importante é que os móveis sejam confortáveis. Vale também lembrar que, em muitos casos, os móveis e outras peças de decoração ficam expostos às intempéries. Assim, é interessante optar por materiais sintéticos, com acabamento em verniz para exteriores ou pintados. Confira alguns estilos de varanda para se inspirar na hora de decorar a sua.

▪Estilo de fazenda

Para criar um ambiente típico de fazenda colonial, o arquiteto Claudio Monteiro e a designer Patricia Pessoa não economizaram nos detalhes. A começar pela cerâmica utilizada no piso, que imita o ladrilho hidráulico usado nesse tipo de decoração, mas tem a vantagem de não manchar, não desgastar e facilitar a limpeza.

Os móveis, todos confeccionados com fibras sintéticas, garantem conforto e mantêm o clima rústico-chique de fazenda. De quebra, resistem ao sol, à chuva e ao vento. Um toldo azul na cobertura e toldos verticais translúcidos completam a decoração.

Projeto: Claudio Monteiro (arquiteto) e Patricia Pessoa (designer) / Campinas Decor; Foto: Valerio Romahn

O piso todo trabalhado e os móveis de fibra sintética são a marca dessa varanda

Projeto: Elaine Camacho (arquiteta) / Casa Cor São Paulo

A cobertura e os móveis claros deixam a varanda moderna e sofisticada

Estilo moderno

Nessa varanda, a arquiteta Elaine Camacho aproveitou o tom modernista da decoração para incluir um *home theater* no tradicional espaço de relaxamento familiar, transformando-o também num local de entretenimento.

Os filmes são projetados num telão apoiado em uma parede de vidro na frente da varanda, criando um interessante e arejado cinema caseiro.

Toldos verticais transparentes instalados acima do guarda-corpo ajudam a conter o vento e a chuva. Já o guarda-corpo, feito com vidro impresso, também privilegia a paisagem.

Fotos: Tales Azzi

■ **Estilo natural**

Nada melhor do que um estilo bem natural para decorar uma varanda rodeada por muito verde. A decoradora Meire Gomide foi fiel a esse preceito ao escolher cada peça deste ambiente, a começar pelos móveis de peroba do campo maciça, encomendados a um marceneiro.

Outros objetos, como as lanternas garimpadas em lojas de demolição e as almofadas revestidas de chitão, demonstram a preocupação com o reaproveitamento e com o uso de peças artesanais para manter o clima natural.

A cobertura também merece destaque. Toda em ferro, ela foi preenchida com vidro e ganhou um acabamento de esteiras de bambuzinhos, para filtrar a luz do sol que atravessa a copa das árvores. Compradas no Mercado Central de Belo Horizonte, MG, as esteiras são uma alternativa criativa para diminuir o efeito do sol numa varanda onde as pessoas querem apenas sombra e água fresca.

Projeto: Meire Gomide (decoradora); Fotos: Valerio Romahn

A esteira de bambuzinho no teto filtra a luz do sol. Na decoração, predominam peças artesanais

Estilo *clean*

O branco predominante na varanda evidencia o colorido das flores laranjas e vermelhas das begônias (*Begonia elatior*) **(1)**. "Até na parede elas marcam presença, dispostas em vasos suspensos", explica a decoradora Denise Isper. Essas plantas perenes são trocadas sempre que as flores perdem o viço e têm sua beleza destacada pelo cachepô de fibra Garden Center Morumbi.

Na mesa de centro, um vaso com trevo-amarelo (*Oxalis vulcanicola*) **(2)** e orquídeas falaenópsis **(3)** se destaca. Já nas colunas, destacam-se os vasos com samambaias **(4)**.

O piso da varanda é de cerâmica Porto Belo com textura, para evitar escorregões. O toldo vertical tem a função de barrar os ventos e a chuva. O mobiliário é composto por móveis de fibra sintética Saccaro com estofado em couro náutico e uma rede.

O cachepô de fibra valoriza o colorido das begônias, trocadas periodicamente para estarem sempre vistosas

Paisagismo: Vilma Guerreiro (paisagista); Decoração: Denise Isper (decoradora); Foto: Valerio Romahn

■Estilo toscano

Com uma mistura de rusticidade e sofisticação, o estilo toscano faz muito sucesso nas casas de campo. Nesse projeto de Roberto Riscala, o estilo aparece nos motivos florais, nas cores fortes e no piso de tijolos queimados. "A mistura de objetos dispostos de maneira pouco ordenada é outro charme desse espaço", acrescenta o profissional.

Plantada em vaso e conduzida como arvoreta, a figueira-benjamina (*Ficus benjamina*) **(5)** funciona como elo entre a varanda e o jardim clássico, ao fundo. Numa olhada rápida, o paisagismo até parece um grande quadro, emoldurado pelos arcos arredondados de alvenaria.

O jogo de sofá da Armando Cerello combina com os tons quentes das paredes e do piso, realçando a sensação de aconchego do ambiente.

Projeto: Roberto Riscala (paisagista); Foto: Valerio Romahn

As cores quentes da parede e do piso dão mais aconchego à varanda toscana. Abaixo, os arcos característicos desse estilo se destacam

Projeto: Roberto Riscala (paisagista); Foto: Divulgação

Os móveis patinados e os estofados com estampa floral são marcas do estilo provençal

▪Estilo provençal

Essas duas varandas pertencem a uma fazenda antiga de arquitetura colonial. Apesar de estarem em residências separadas – uma é a sede e a outra, a casa de hóspedes–, ambas seguem o estilo provençal na decoração. O que as diferencia são as plantas, que dão personalidade aos ambientes.

Na primeira varanda, destacam-se vasos de samambaias **(1)** e orquídeas miltônias **(2).** Já na segunda, são os vasos de singônios (*Syngonium podophyllum*) **(3)**, marantas **(4)** e renda-portuguesa (*Davallia griffthiana*) **(5)** que dão vida ao espaço. Em comum, as duas varandas têm o piso de cimento queimado com ladrilho hidráulico e os móveis de fibra patinados de branco. As almofadas revestidas por tecidos com estampas florais são típicas do estilo provençal.

Ambientação: Fazenda Vila Rica; Decoração Leonardo Junqueira (decorador); Fotos: Valerio Romahn

Muito criativa, a decoração combina móveis refinados e bromélias rústicas

Decoração: Denise Zuba (decoradora
Fotos: Valerio Romahr

Estilo rústico

Destaque desta varanda, os elegantes móveis de madeira foram combinados harmoniosamente com diversas bromélias **(6)**. As plantas rústicas se desenvolvem bem sob meia-sombra e, por isso, puderam ficar mais ao fundo da varanda, onde aparecem no aparador e também no quadro vivo, preso à parede texturizada em tom terracota.

O aparador tem estrutura de ferro, e o tampo funciona como uma grande bandeja de madeira, que acomoda bonecos comprados em feiras de artesanato.

Para não exceder os tons em madeira do ambiente, os pilares são revestidos com tijolinhos à vista. Ao fundo, a ampla varanda tem vista para o jardim tropical.

▪Estilo romântico

Situada em Nova Petrópolis, RS, essa varanda tem o estilo romântico evidenciado pelos beijos-pintados (*Impatiens hawken*) **(1)**. Eles aparecem dispostos em cachepôs, ao lado de móveis de madeira e plantados numa pequena floreira, na entrada da varanda. A espécie não foi escolhida ao acaso. Além de apresentar belíssimas flores, ela resiste às baixas temperaturas da região.

Para realçar o aconchego da varanda, gerânios-pendentes (*Pelargonium peltatum*) **(2)** e petúnias (*Petunia x hybrida*) **(3)** foram acrescentados no entorno dos móveis de madeira. As almofadas de chita com estampas florais sobre o banco de madeira complementam o colorido do ambiente.

As espécies floríferas acentuam o clima romântico da varanda

Decoração e paisagismo: Vila da Cor Arquitetura e Decoração; Flores: Floricultura Ursula; Fotos: Valerio Romahn

À prova de ventos

Este projeto apresenta boas soluções para varandas em andares altos

1

Os vasos vietnamitas e a bandeja disfarçam a coluna na varanda

PLANTAS COM FUNÇÕES ESPECÍFICAS

Uma barreira de bambuzinho-de-jardim (*Bambusa gracilis*) **(1)** instalada na lateral da varanda filtra a luz do sol. Porém, para que a espécie não sujasse o ambiente, a lateral da varanda foi fechada com vidro temperado. Assim, o vento não espalha as pequenas folhas da planta.

Os vasos vietnamitas com buxinho (*buxus sempervires*) **(2)** e palmeira-bambu (*Chamaedorea elegans*) **(3)** têm outra função: foram estrategicamente posicionados ao lado da coluna para deixá-la menos aparente. A mesma função tem a bandeja com pés em estilo oriental, colocada junto a eles.

À noite, luminárias L'Oeil espalhadas por toda a varanda deixam o ambiente mais acolhedor. Delicadas e coloridas, elas proporcionam uma iluminação diferenciada.

Paisagismo: Daniela Sedo
Texto: Gabi Bastos
Fotos: Eduardo Tarran

À noite, luminárias coloridas proporcionam uma iluminação diferenciada ao ambiente

Muito criativa, a decoração combina móveis refinados e bromélias rústicas

Decoração: Denise Zuba (decoradora
Fotos: Valerio Romahn

■ Estilo rústico

Destaque desta varanda, os elegantes móveis de madeira foram combinados harmoniosamente com diversas bromélias **(6)**. As plantas rústicas se desenvolvem bem sob meia-sombra e, por isso, puderam ficar mais ao fundo da varanda, onde aparecem no aparador e também no quadro vivo, preso à parede texturizada em tom terracota.

O aparador tem estrutura de ferro, e o tampo funciona como uma grande bandeja de madeira, que acomoda bonecos comprados em feiras de artesanato.

Para não exceder os tons em madeira do ambiente, os pilares são revestidos com tijolinhos à vista. Ao fundo, a ampla varanda tem vista para o jardim tropical.

Decoração e paisagismo: Vila da Cor Arquitetura e Decoração; Flores: Floricultura Úrsula; Fotos: Valerio Romahn

Estilo romântico

Situada em Nova Petrópolis, RS, essa varanda tem o estilo romântico evidenciado pelos beijos-pintados (*Impatiens hawkeri*) **(1)**. Eles aparecem dispostos em cachepôs, ao lado de móveis de madeira e plantados numa pequena floreira, na entrada da varanda. A espécie não foi escolhida ao acaso. Além de apresentar belíssimas flores, ela resiste às baixas temperaturas da região.

Para realçar o aconchego da varanda, gerânios-pendentes (*Pelargonium peltatum*) **(2)** e petúnias (*Petunia x hybrida*) **(3)** foram acrescentados no entorno dos móveis de madeira. As almofadas de chita com estampas florais sobre o banco de madeira complementam o colorido do ambiente.

As espécies floríferas acentuam o clima romântico da varanda

■Estilo tropical

A arquitetura da casa, em estilo rústico, casou bem com a varanda tropical com cobertura de piaçava sustentada por colunas de eucalipto autoclavado. Para acentuar esse estilo, foram escolhidas algumas palmeiras de sombra, como a camaedória-elegante (*Chamaedorea metallica*) **(4)**, a palmeira-de-leque-da-europa (*Chamaerops humilis*) **(5)** e a pinanga (*Pinanga kuhlii*) **(6)**. Plantadas em vasos vietnamitas L'oeil, elas foram dispostas de maneira despojada na varanda de 50 m². "Como não têm muito espaço para crescer, não há risco de as palmeiras atingirem porte superior ao pé direito da varanda", explica o paisagista Celso Bergamasco.

O tapete de fibra natural ameniza a frieza do piso de tijolinho rústico.

A cobertura de piaçava e as palmeiras em vaso dão o toque tropical à varanda

Paisagismo: Jeane Calderan e Celso Bergamasco (Calux Jardins); Decoração: Bya Barros (decoradora); Arquitetura: Jorge Kluwe (arquiteto); Fotos: Valerio Romahn

Textos: Manoel de Souza e Tatiana Pinheiro

Espaço acolhedor

Nesta varanda com cozinha e sala de estar, o colorido das plantas e dos objetos de decoração se destaca

Com visual *clean*, a varanda de 71 m² se divide em dois ambientes: uma cozinha gourmet e uma sala de estar. Ela tem vista para o jardim e para a piscina e foi fechada com vidros, para ficar protegida dos ventos e da chuva.

Os dois ambientes apresentam paredes e piso brancos, o que destaca o colorido das plantas e dos objetos usados na decoração. Porém, como apresentam funções distintas, foram utilizados dois tipos de piso. Na cozinha, a opção foi pelo porcelanato, que é mais fácil de limpar. Já na sala, a escolha foi o deque de cumaru pintado de branco, por ser mais acolhedor.

MÓVEIS TRANSPARENTES

A cozinha é o espaço mais *clean* de toda a varanda. É que além de contar com piso e paredes brancos, ela foi mobiliada com peças transparentes: a mesa e a bancada são de vidro e as cadeiras, em estilo anos 1970, de acrílico translúcido.

A atração desse ambiente é uma chapa instalada no balcão revestido com pastilhas Vidrotil e com tampo de marmoglass – um material produzido com pó de mármore e vidro. Acima dela está uma coifa de aço inoxidável que, para ser instalada, exigiu que parte do teto fosse rebaixada 25 cm para receber os dutos do exaustor. Feita de gesso, essa estrutura também esconde a fiação dos *spots* de luz.

Além da chapa, a cozinha recebeu duas bocas de fogão com cerca de 15 cm de diâmetro, medida ideal para preparar comidas em *woks* (tipo de panela oriental).

A mesa, a bancada
e as cadeiras
transparentes
valorizam a cozinha

A chapa ocupa lugar de destaque na cozinha. Abaixo, detalhe do teto rebaixado para receber a coifa

Graças ao painel com espelhos instalado em uma das paredes, a sala parece ser maior do que realmente é

As almofadas no sofá combinam com as cores dos quadros na parede

ESPELHO PARA DAR AMPLITUDE

Coberto por vidro laminado, o pergolado integra a cozinha à sala de estar. "Essa cobertura barra a chuva, mas apenas filtra o sol, tornando possível o cultivo de plantas de sol pleno, como o bonsai de buxinho (*Buxus sempervirens*) **(1)**", explica a paisagista Vilma Guerreiro. Outra espécie atrativa é a tumbérgia-azul (*Thumbergia grandiflora*) **(2)** que borda o pergolado. Ela floresce praticamente o ano todo e pode ser vista de dentro da varanda ou do jardim.

Para dar amplitude à sala de estar, um painel de 4 m de altura foi montado em uma das paredes. Feito com espelhos nas laterais e uma treliça de réguas cumaru no meio, ele destaca a beleza dos vasos vietnamitas com lírios-da-paz-gigantes (*Spathiphyllum ortgiesii* 'Sensation') **(3)** e das orquídeas falaenópsis brancas **(4)** colocadas sobre os aparadores.

Os sofás receberam capas de sarja italiana branca e foram decorados com almofadas nas tonalidades dos quadros de gatinhos, da artista plástica Valquiria Neri.

Paisagismo: Vilma Guerreiro
Decoração: Camila Cezário
Texto: Gabi Bastos
Fotos: Valerio Romahn

A cobertura de vidro laminado do pergolado protege das chuvas e filtra o sol, permitindo o cultivo de plantas na varanda

Conforto em azul e branco

Próxima da piscina e com uma bela vista, esta varanda é uma excelente área de convivência

Basta olhar para esta varanda para entender por que ela é o espaço mais frequentado da casa: mobiliada com peças em tons de branco, ela contrasta com o azul das paredes da residência e tem vista privilegiada para a represa. É o lugar perfeito para a família receber os amigos, reunir-se para ouvir música ou simplesmente apreciar a paisagem.

Os móveis confortáveis foram cuidadosamente escolhidos para proporcionar bem-estar aos frequentadores. Além disso, a proximidade com a piscina contribui para atrair as pessoas para este espaço.

SALA DE ESTAR CERCADA DE ÁGUA

A varanda fica à beira da piscina e, como não há muretas de separação, a sensação que se tem é de que a estrutura está flutuando na água. Degraus submersos facilitam o acesso dos banhistas e servem de banco, para que as pessoas na piscina conversem com quem está na varanda protegido do sol. Isso é possível graças aos beirais largos do telhado, que ampliam a área de sombra e fazem dos degraus uma extensão da varanda.

O forro branco do telhado contrasta com as colunas azuis

Um sistema parecido com o das persianas permite abrir os toldos

COM OU SEM SOL

Colunas de alvenaria sustentam o telhado. Ele é composto por telhas claras e conta com forro de madeira pintado de branco, para combinar com os móveis. No piso, a opção foi pelo solarium na cor marfim.

Como o pôr-do-sol acontece bem de frente para a varanda, às vezes o calor e a luminosidade incomodam um pouco. Para resolver o problema, foram instalados toldos verticais feitos de um tecido com minúsculos furos, que formam uma espécie de rede. Os toldos são acionados por um sistema similar ao das persianas e, além de filtrarem a luz, bloqueiam os raios ultravioleta.

Arquitetura: Gilda Meirelles
Texto: Andreza Cardoso
Fotos: Valerio Romahn
Produção: Aida Lima

Varandas de apartamento

Confira cinco projetos interessantes e aprenda a escolher as espécies certas para cada tipo de varanda

Jardim nas alturas

Drible os caprichos do sol e do vento e tenha uma sacada cheia de plantas

A varanda é o espaço mais desejado de quem mora em apartamento. Área privilegiada para a contemplação da paisagem e para o *relax*, ela pode se tornar ainda mais aconchegante com a presença do verde.

Para que a escolha das plantas seja simples e bem-sucedida, você tem de saber como o sol e o vento agem na sua varanda. Isso determina se vão ser adotadas espécies de sol pleno, meia-sombra ou sombra.

É possível que o excesso de sol e a ventania estejam prejudicando as suas plantinhas. Não desanime. Qualquer dificuldade podo cor oontornada com um macete inteligente. E há muitos nas próximas páginas.

Uma varanda com plantas é o lugar ideal para relaxar contemplando a paisagem

ORIENTE-SE PELO SOL

Quando se pensa em colocar plantas na varanda, o mais importante é saber como o sol incide sobre ela. Você deve lembrar que ele nasce a leste, passa pelo norte e se põe a oeste, formando uma curva que muda de posição ao longo do ano.

Isso determina as condições de iluminação da varanda. As localizadas na face norte recebem luz durante todo o dia, ou seja, estão sob sol pleno.

As faces oeste e leste também são muito boas para a maioria das plantas, pois recebem mais de quatro horas de sol por dia, ou seja, situação de meia-sombra. A face sul é afetada pela sombra do próprio prédio. Nestes casos são indicadas plantas que não toleram sol direto, as espécies de sombra.

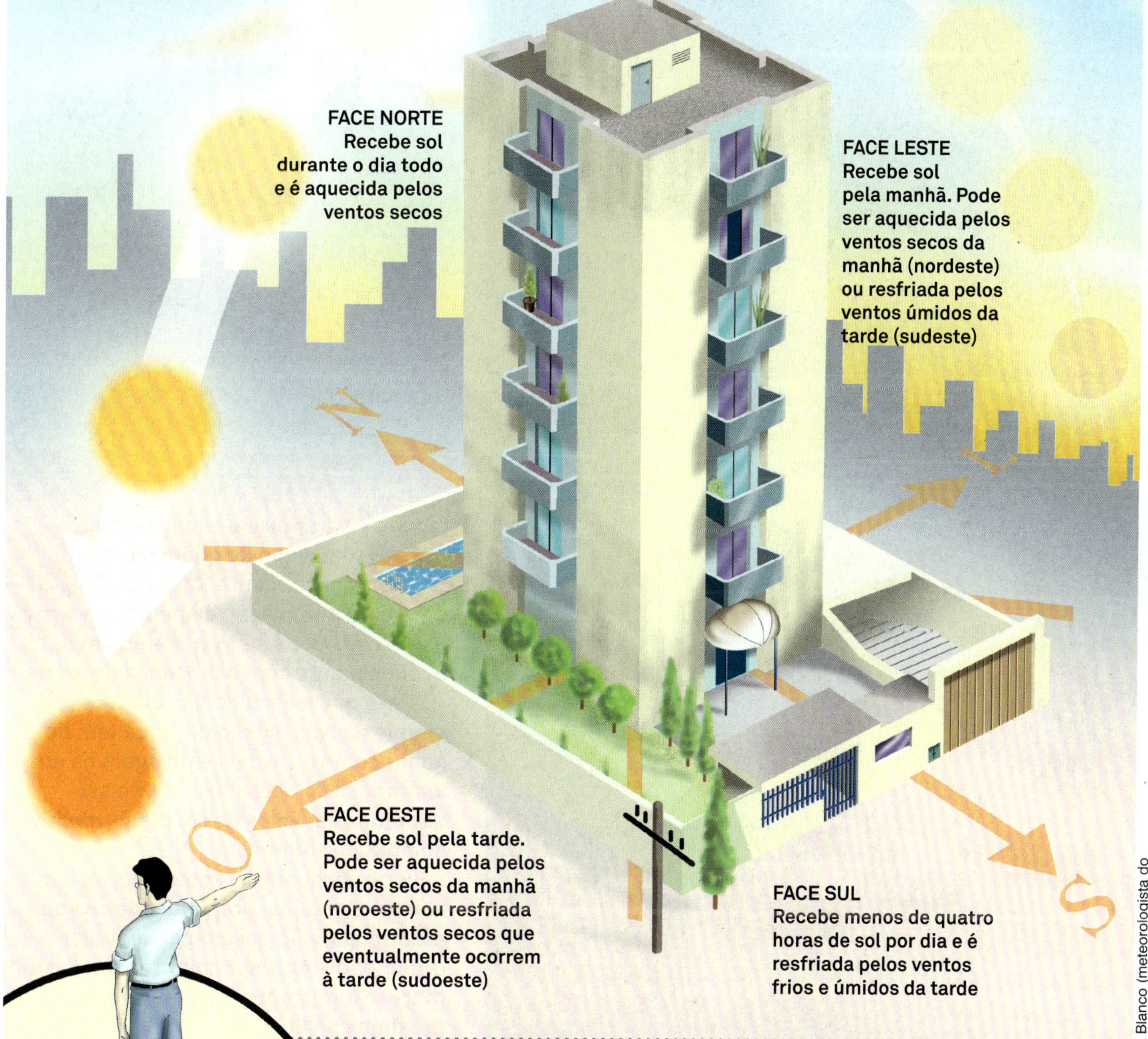

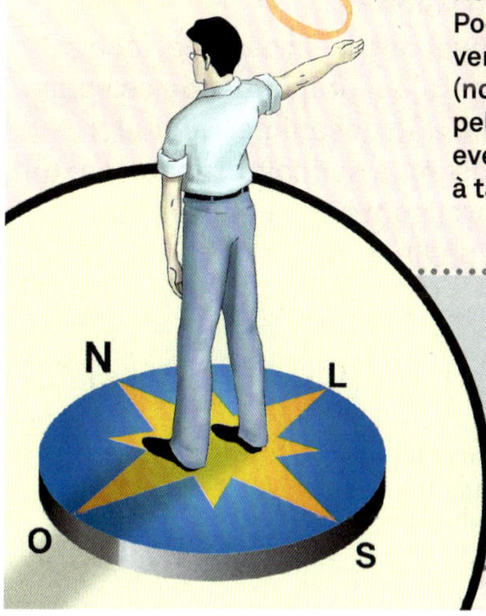

Localize-se

Para descobrir a posição da sua varanda, aponte seu braço direito para o lado onde o sol nasce. Este é o seu leste. À sua frente, estará o norte, atrás, o sul e, à esquerda, oeste. Este é o ponto de partida para identificar a posição solar da sua varanda.

Ilustrações: Greg; Consultoria: Cintia Blanco (meteorologista do Climatempo) e Gilmar Gumy (engenheiro agrônomo)

DECIFRE OS VENTOS

O cultivo de plantas na varanda é influenciado pelos ventos. Quanto mais alto o apartamento, maior ventania. Além disso, durante o dia, as massas de ar trazem ventos quentes e frios, com ar seco ou umidade.

A meteorologista Cintia Blanco, da InfoTempo, explica que todos os ventos são bons e mudam de direção ao longo do dia e conforme as estações do ano.

O gráfico abaixo explica como funcionam os ventos nas regiões Centro-Oeste, Sul e Sudeste do Brasil. A posição geográfica dos estados das regiões Norte e Nordeste faz com que os ventos sul, sudeste e sudoeste não sejam frios e que a umidade e as chuvas sejam trazidas do mar pelos ventos norte e nordeste.

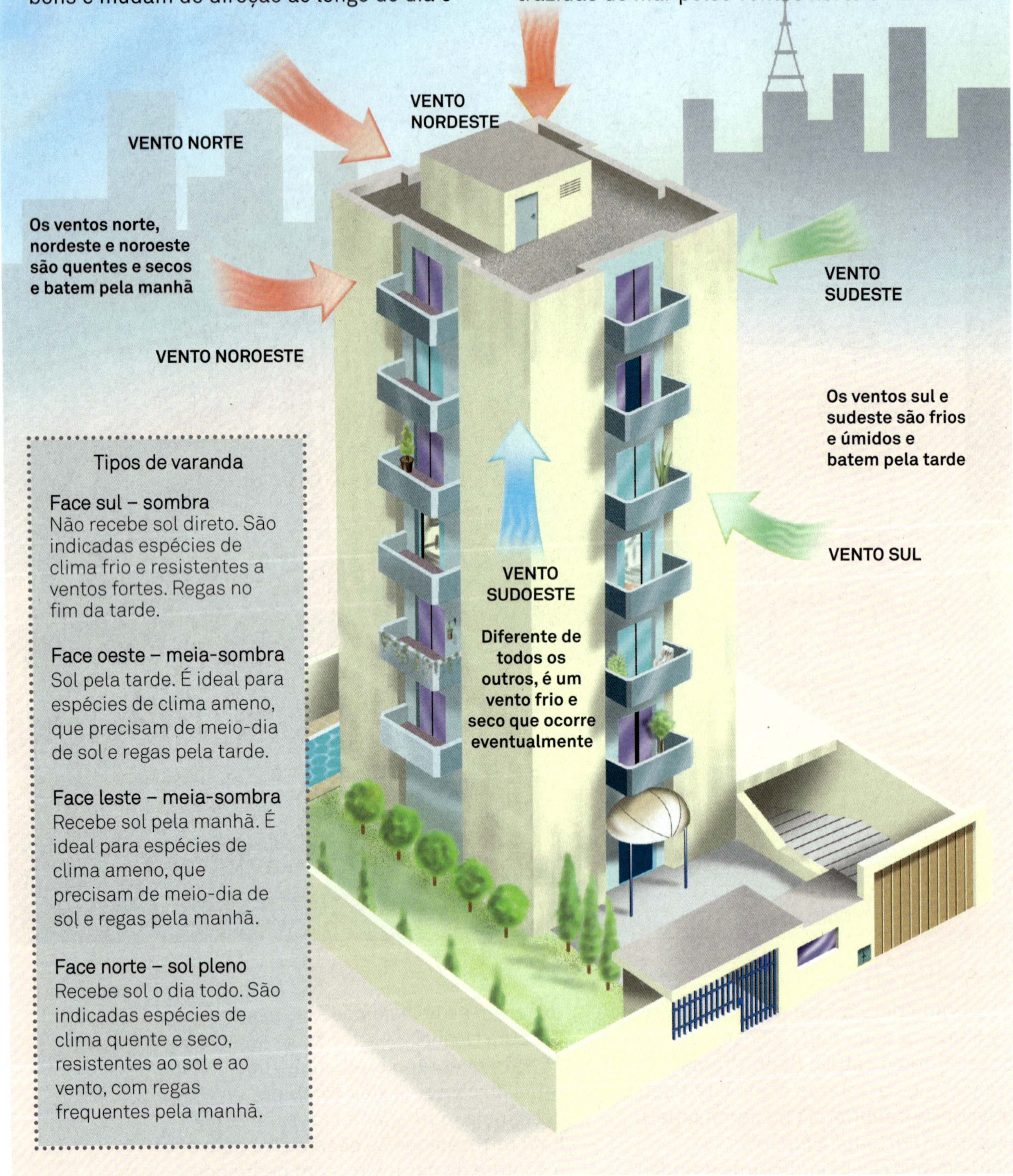

Tipos de varanda

Face sul – sombra
Não recebe sol direto. São indicadas espécies de clima frio e resistentes a ventos fortes. Regas no fim da tarde.

Face oeste – meia-sombra
Sol pela tarde. É ideal para espécies de clima ameno, que precisam de meio-dia de sol e regas pela tarde.

Face leste – meia-sombra
Recebe sol pela manhã. É ideal para espécies de clima ameno, que precisam de meio-dia de sol e regas pela manhã.

Face norte – sol pleno
Recebe sol o dia todo. São indicadas espécies de clima quente e seco, resistentes ao sol e ao vento, com regas frequentes pela manhã.

Projetos: Maringá Pilz e Bárbara Ucello (paisagistas); Foto: Valerio Romahn

VARANDA ENSOLARADA

Voltada para a face norte, essa varanda de 60m² recebe muito sol. Isso possibilitou o cultivo de frutíferas. "Colocamos arvoretas como jabuticabeira (*Myrciaria cauliflora*) **(1)** e laranjinha-imperial (*Fortunella japonica* 'Variegata') **(2)**, em jardineiras grandes", explicam as paisagistas Maringá Pilz e Bárbara Ucello.

Para quebrar o predomínio das linhas retas do canteiro, elas combinaram selaginela (*Scutellaria kraussiana*) **(3)**, uma forração que se desenvolve bem sob a sombra do parapeito, com pedriscos.

A opção por plantas altas resistentes ao vento faz a diferença nessas duas varandas

SOLUÇÕES PARA O VENTO

O vento constante orientou as escolhas nessas duas varandas. A retratada acima fica no 11º andar e tem o peitoril revestido por bambu. Junto a ele, em uma área abrigada, foram plantados pata-de-elefante (*Beaucarnea recurvata*) **(4)**, pinheiro-rasteiro-prateado (*juniperus horizontalis* 'Glauca') **(5)**, camélia (*Camellia japonica*) **(6)**. Em outra área destacam-se lança-de-são-jorge (*Sansevieria cylindrica*) **(7)**, pitangueira (*Eugenia uniflora*) **(8)** e buxinho (*Buxus sempervirens*) **(9)**.

Na varanda à direita, as paisagistas Maringá Pilz e Bárbara Ucello optaram por usar o bambu-mossô (*Phyllostachys pubescens*) **(10)**, que resiste bem aos ventos e ao mesmo tempo tem uma função decorativa. O piso de pedriscos rodeia as dietes (*Dietes bicolor*) **(11)** – que dão delicadas flores de cor creme durante quase todo o ano – e as eugênias (*Eugenia sprengelii*) **(12)** em forma de bola.

Texto: Marcos Gomes
Fotos: Valerio Romahn
Produção: Aida Lima

Verde valorizado

Nesta varanda de tons neutros, as plantas são o destaque

O principal objetivo era destacar o verde das plantas. Por isso, a paisagista Daniela Sedo optou por usar tons neutros nas paredes e no mobiliário dessa varanda de 30 m². Para a parede, ela escolheu um tom de palha. Já os vasos apresentam tons variados de bege. A única exceção é o vaso em que é cultivada a primavera (*Bougainvillea spectabilis*) **(1)**. Branco, ele destaca as flores vermelhas da planta, que surgem no fim do outono.

Quando a espécie não está em flor, o colorido do ambiente fica por conta dos delicados acessórios que decoram os aparadores. O de madeira já pertencia à proprietária e se encaixou perfeitamente entre as portas de acesso à varanda. Já o de mármore travertino romano foi feito sob medida para preencher o espaço em uma das laterais da varanda. Embaixo dela há lugar suficiente para acomodar três bancos com rodinhas revestidos de couro náutico, para facilitar a limpeza.

Outro destaque do ambiente é o banco Aroeira. Ele apresenta um design diferenciado e, com 2 m de comprimento, encaixa-se na extensão da varanda sem prejudicar a vista.

O uso de tons claros nas paredes e nos móveis faz com que as plantas se destaquem

As peças de decoração sobre o aparador ajudam a colorir o ambiente. Abaixo dele há espaço para guardar três bancos

Solução simples e eficiente: uma barreira de bambu-de-jardim filtra o sol durante o dia

Situada no 13º andar de um prédio, essa varanda de 12 m² tinha nos ventos fortes o principal obstáculo ao paisagismo. Por isso, a paisagista Emília S. Kai optou pelo uso de plantas resistentes a ventos, como buxinho (*Buxus sempervirens*) **(1)**, cica (*Cycas revoluta*) **(2)** e pata-de-elefante (*Beaucarnea recurvata*) **(3)**. Só a maria-sem-vergonha (*Impatiens walleriana var. nana*) **(4)**, utilizada para levar um pouco de cor ao ambiente, não se enquadra nessa característica. Por isso, a planta é trocada a cada três meses.

As caixas de madeira funcionam como cachepôs para valorizar os vasos

PLANTAS NAS ALTURAS

A distribuição das plantas pela varanda obedeceu às recomendações do cliente, que queria um pouco de privacidade em relação ao vizinho. Assim, uma das laterais recebeu caixas confeccionadas com madeiras certificadas que servem como cachepôs para vasos menos nobres. "As diferentes alturas e formatos das caixas proporcionam verticalidade ao jardim e permitem a visualização de todas as espécies", diz a paisagista.

Já os vasos de buxinhos instalados em frente ao parapeito medem cerca de 90 cm de altura, para não prejudicar a vista que se tem da varanda.

Como são mais baixos do que o parapeito, os vasos com buxinhos não prejudicam a vista

Vasos: Vasos e Criações

LINHAS ORGÂNICAS

Para deixar o ambiente equilibrado e burlar a limitação de tamanho das varandas – geralmente compridas e estreitas – a dica da paisagista Emília S. Kai é trabalhar o piso com desenhos orgânicos. Neste projeto, o deque apresenta recortes que delimitam canteiros preenchidos com pedriscos cor de palha.

Instalados num desses canteiros, os três vasos de buxinho separam a saleta de jantar da sala de descanso. O canteiro na lateral da varanda, por sua vez, recebeu três esferas de cerâmica branca com pintura eletrostática e um vaso de bambu-mossô (*Phyllostachys pubescens*) **(1)**. "Colocada num canto protegida dos ventos, a espécie se desenvolveu muito bem", explica a paisagista.

Para integrar as áreas internas e externa do apartamento, o deque foi elevado cerca de 5 cm e ficou no mesmo nível do piso da sala.

Paisagismo: Emília S. Kai | **Texto:** Gabi Bastos
Fotos: Paulo Camargo | **Produção:** Aida Lima

Os recortes no deque destacam os vasos de plantas

Pomar no apartamento

Frutíferas na varanda são charmosas e garantem o prazer de colher as frutas do pé

Ao contrário do que muitos imaginam, é possível cultivar árvores frutíferas na varanda de um apartamento. O segredo é plantar em vasos as espécies certas. Assim, é possível produzir frutos dos mais variados sabores, que também têm efeito ornamental.

O cultivo em vasos limita o crescimento da planta, mas mesmo assim as frutinhas aparecem. Só a quantidade que é menor.

COMO CULTIVAR

As frutíferas de pequeno porte – jabuticabeira (*Myrciaria cauliflora*), romãzeira (*Punica granatum*) e acerola (*Malphighia emarginata*) – são as mais indicadas para o cultivo em vaso, pois são mais produtivas. Em vasos, elas atingem cerca de 30% do tamanho original e medem, no máximo, 2 m de altura.

Observe a iluminação e a ventilação da varanda (consulte as páginas 46 e 47) antes de escolher as espécies, pois as frutíferas precisam de pelo menos 4 horas de sol por dia. As varandas de face norte são as mais ensolaradas. As de face leste e oeste também costumam receber mais de quatro horas de sol. Porém, nas de face sul, é praticamente impossível essas plantas se desenvolverem.

Os ventos fortes podem prejudicar a saúde da planta, pois derrubam as flores e espantam as abelhas e outros polinizadores. Uma forma de driblar o problema é instalando vidros ou treliças forradas por trepadeiras resistentes – como a sete-léguas (*Pandorea ricasolina*) e a tumbérgia (*Thunbergia fragrans*) – que são quebra-ventos naturais.

A romãzeira (1) desenvolve-se bem com apenas meio dia de sol e a jabuticabeira (2) suporta ventos fortes

FRUTÍFERAS SEMPRE SAUDÁVEIS

Depois de escolher as espécies (na página 78 você encontra algumas opções), é hora de encontrar um vaso ideal, que deve ser duas vezes maior que o torrão. Após o plantio em terra adubada ou em substrato próprio para frutíferas, Lucas Fonseca, da Flora São Lucas, em Suzano, interior de SP, recomenda manter o solo sempre úmido, mas não encharcado, e adubar mensalmente com 100 g de torta de mamona e 100 g de farinha de osso. Essas quantidades são ideais para um vaso de 60 cm x 60 cm x 60 cm.

Os mesmos resultados são obtidos com NPK 4-14-8 nos primeiros meses após o plantio. Quando a muda estiver bem enraizada, faça a manutenção com NPK 10-10-10.

Com exceção da figueira – que requer uma poda drástica após a frutificação – não há necessidade de podar as frutíferas, a não ser por motivos estéticos.

Texto: Andreza Cardoso
Fotos: Valerio Romahn
Produção: Aida Lima

A mexerica-do-rio (*Citrus deliciosa*) é outra boa espécie para se ter na varanda

Vasos e plantas: Garden Center Morumbi

Os morangos (*Fragaria x ananassa*) ficam lindos quando cultivados em vasos e jardineiras

Ambiente quatro em um

Dividir a varanda em nichos é uma boa maneira de aproveitar melhor o espaço

Nos apartamentos, a varanda tem a mesma função que o jardim em uma casa: é o local onde se tem contato com as plantas e se realiza atividades ao ar livre. No entanto, como as varandas costumam ser menores que os quintais, é preciso aproveitar cada centímetro delas. Esta varanda localizada no 9º andar apresenta algumas ideias inspiradoras. Seus confortáveis 45 m² foram divididos em quatro ambientes distintos: churrasqueira, pequena sala, grande sala e área de leitura. “Para facilitar a circulação, os móveis maiores foram colocados junto aos peitoris para deixar mais livre o acesso aos ambientes internos”, conta a arquiteta paisagista Cristina Bönecker.

Almofadas próprias para área externa trazem cor ao ambiente de estar

ÁREAS DE ESTAR E ESTUDOS

A parte maior da varanda – um trecho com 28 m² – foi dividida em três ambientes. O primeiro é uma pequena sala de estar **(A)** mobiliada com um banco de pínus de reflorestamento Taúna de 2 m x 0,45 m. Depois vem o ambiente de estar maior **(B)**, com banquetas cúbicas com rodízios; uma mesa lateral de 45 cm de diâmetro, feita de tronco de madeira pequi Taúna; e chaises em fibra sintética na cor avelã, da L'Oeil. O colorido fica por conta das almofadas em tecido Sunbrella – uma fibra acrílica com película protetora especial para áreas externas –, da Regatta e das flores da azaleia (*Rhododendron simsii*) **(1)** e da ixora (*Ixora coccinea*) **(2)** cultivadas em vasos. Sobre a mesa de madeira, um pequeno vaso com dinheiro-em-penca (*Callisia repens*) **(3)** se destaca.

Por fim, um conjunto de mesa e cadeiras de ferro cercadas por plantas compõe uma sala de leitura **(C)**. Entre as espécies cultivadas nessa área estão bela-emília (*Plumbago auriculata*) **(4)** e buxinho (*Buxus sempervirens*) **(5)**.

O cantinho de leitura está cercado por plantas

A área de refeições fica em um espaço mais reservado da varanda

UM LOCAL PARA REUNIR OS AMIGOS

O cantinho reservado às refeições é uma parte menor da varanda, que mede 17 m². A mesa retangular Breton tem lugar para até oito pessoas e fica junto ao vaso onde é cultivada a primavera (*Boungainvillea spectabilis*) **(1)**. Esta trepadeira está sendo conduzida por cabos de aço para crescer entre os pilares e formar uma moldura em volta da mesa. "A espécie precisa de sol e é relativamente tolerante ao vento", explica Cristina Bönecker.

Para atrair pássaros para a varanda, três bebedouros e um puleiro foram fixados nos galhos da figueira-benjamina (*Ficus*

Bebedouros e uma casinha atraem os pássaros

benjamina) **(2)** bordada por calanchoes-dobrados (*Kalanchoe calandiva*) **(3)**. Uma das colunas da varanda também recebeu uma casinha de madeira para pássaros.

Projeto: Veralice R. Russo de Morais, Gladys N. dos Reis e Cristina Fischetti Bönecker
Texto: Andreza Cardoso
Fotos: André Fortes
Produção: Aida Lima

Bonita e funcional

Além de servir como extensão da sala de estar, esta varanda dá mais privacidade aos moradores

Logo que comprou este apartamento no bairro da Vila Madalena, em São Paulo, o proprietário teve a ideia de transformar a varanda em "L" de 25 m² numa extensão da sala de estar. A mudança foi chefiada pelo designer de interiores Rogério Castro, que optou por um estilo simples e aconchegante. Para tanto, ele escolheu espécies com porte suficiente para esconder os prédios vizinhos e oferecer privacidade aos moradores, sem perder o que o local oferece de melhor: uma bela vista para o pôr-do-sol. Na escolha dos materiais, a opção foi pela mistura da rusticidade da madeira com a elegância do vidro, presente no guarda-corpo.

O deque modulado foi suspenso 5 cm para ficar na mesma altura do piso da sala

Os pacovás em vasos vietnamitas escondem o telhado de um prédio mais baixo

Tecido do sofá: JRJ Tecidos; Forração do sofá: Tapeçaria Barreto; Vasos de cerâmica vietnamita: L'oeil; Deque: Hidrotech

SOLUÇÕES PRÁTICAS

A primeira providência foi nivelar a altura da varanda, que está 5 cm abaixo do piso da sala. A opção foi pelo deque frisado de itaúba, que apresenta cor similar à da madeira cumaru usada na sala, com a vantagem de ser mais resistente às intempéries. Para aumentar a proteção, o piso recebeu tratamento com verniz Stain. O deque reveste os 19 m² frontais da varanda e foi montado com placas removíveis diretamente sobre o piso cerâmico preexistente.

O desafio seguinte foi encontrar uma planta para esconder o telhado de um prédio mais baixo, que era visível pelo guarda-corpo de vidro transparente. A solução foi colocar nessa área quatro vasos de cerâmica vietnamita vitrificada com pacovás (*Philodendron martianum*) **(1)** que, além de oferecerem o volume desejado, resistem bem aos fortes ventos, que são comuns nessa varanda.

Em um canto da varanda, dois jasmins-mangas ladeiam o sofá

O sofá revestido com lona resiste às intempéries

Frisos no deque ajudam a escoar a água da chuva

DETALHES QUE FAZEM DIFERENÇA

Na área da frente, Castro complementou o paisagismo com um vaso de cróton (*Codiaeum variegatum*) **(2)** e outros dois de jasmim-manga (*Plumeria rubra*) **(3)** situados nas laterais do sofá. O móvel já estava na família há 20 anos e foi forrado com lona de caminhão. "Além de impermeável, o material remete à reciclagem e proporciona um visual moderno", diz o designer.

Como a varanda é aberta e, portanto, está sujeita às chuvas, foi feito um cuidadoso projeto de drenagem. O deque é frisado para escoar a água da chuva e, no nível abaixo, a estrutura conta com barrotes que permitem a passagem "subterrânea" da água até uma canaleta embutida em volta da parede da sala.

CHURRASQUEIRA

A churrasqueira foi totalmente repaginada para combinar com o entorno. O kit de concreto foi revestido com canjica de pedra goiás e ganhou a companhia de armários de madeira, onde são guardadas louças, carvão e outros apetrechos. Uma mesa antiga com tampo de vidro e duas cadeiras são usadas para as refeições. Já o espelho atrás da pia dá sensação de amplitude ao ambiente.

Mesa: Barracão de Antiguidades; Cadeiras: Tok e Stock

O piso fulget deixou o espaço mais claro. No paisagismo, destacam-se as clúsias bordadas por hera (acima) e os fórmios (abaixo)

TRUQUE PARA DAR AMPLITUDE

A lateral da varanda tinha dois problemas: era muito estreita (1,2 m x 5 m) e quase não recebia luz natural. Por isso, Castro optou por criar nessa área um espaço de contemplação. Ele cobriu o piso com pedrisco fulget e instalou três pisadas de pedra mineira formando um caminho. “A mistura de pisos proporciona a sensação de amplitude, dando a impressão de que o ambiente é mais comprido do que é na realidade”, diz o designer.

Os destaques da decoração são uma fonte de pedra e um pedaço de madeira esculpido pela ação das águas fluviais. Dois cachepôs de cruzetas com clúsias (*Clusia fluminensis*) **(1)** forrados por heras (*Hedera helix*) **(2)** e três vasos com fórmios (*Phormium tenax*) **(3)** completam o paisagismo e ajudam a bloquear a visão de quem está nos prédios vizinhos.

Consultoria: Rogério Castro
Execução: Martha Guedes (Paisagista da Natural Paisagismo)
Texto: Camila Lucchesi
Fotos: Michelle Moll
Produção: Aida Lima

Fonte de pedras: Cristiane Rodrigues

Plantas para varanda

Confira algumas espécies indicadas para o cultivo em casas e apartamentos

ARBUSTOS

Bambu-mossô (*Phyllostachys pubescens*) – Ornamental, a espécie é muito cultivada em vasos, com o caule retorcido. Ela apresenta folhas delicadas e amareladas, com até 12 cm de comprimento. É típica de clima temperado quente, tolerante a subtropical e deve ser cultivada sob sol pleno ou em ambientes bem iluminados.

Árvore-da-felicidade-fêmea (*Polyscias fruticosa*) – Ideal para ambientes de meia-sombra, este arbusto apresenta folhagem muito densa, linear e recortada. Ele é típico de clima tropical quente e úmido, não tolerante ao frio e aprecia solo rico em matéria orgânica e mantido úmido.

Cheflera-pequena-variegada (*Schefflera arboricola* 'Variegata') – As folhas com manchas amarelas tornam essa espécie muito ornamental. Ela apresenta ramagem longa e arqueada, flores pequenas e esbranquiçadas, que surgem no verão, e os frutos são alaranjados. Pode ser cultivada sob sol pleno ou meia-sombra.

Fotos: Valerio Romahn

ARBUSTOS ESCANDENTES

Primavera (*Bougainvillea spectabilis*) – A primavera floresce durante boa parte do ano e pode ser cultivada tanto bordando varandas como em vasos, mantida podada, sempre sob sol pleno. Ela é típica de clima tropical e subtropical e pouco exigente quanto ao solo.

Roberto Araújo

Jasmim-estrela (*Jasminum nitidum*) – A espécie aprecia sol pleno e pode ser conduzida ou cultivada como arbusto, mantido podado. As belas flores brancas e perfumadas surgem no verão. O jasmim-estrela aprecia clima tropical e subtropical, desde que não ocorram geadas.

Coração-sangrento (*Clerodendrum x speciosum*) – Embora seja um arbusto, esta espécie pode ser conduzida como trepadeira para bordar a varanda. Ela floresce na pimavera e verão e é típica de clima tropical, tolerante a subtropical de baixa altitude. A planta aprecia sol pleno.

Nandina (*Nandina domestica*)
Outro arbusto muito ornamental. Na primavera e no verão, surgem inflorescências repletas de flores brancas, que depois dão origem a frutinhos vermelhos. Pode ser cultivado sob sol pleno ou meia-sombra e aprecia clima temperado quente ou subtropical. O solo deve ser arenoargiloso.

Murta (*Eugenia sprengellii*)
Essa espécie é muito cultivada em vasos, sob sol pleno ou meia-sombra, podada de forma arredondada. Suas folhas são pequenas e finas, em forma de agulha. Ela é típica de clima subtropical, tolerante ao tropical,e aprecia solo rico em matéria orgânica, mantido úmido.

Camélia (*Camellia japonica*)
A camélia pode apresentar flores vermelhas, brancas, rosadas e até mescladas, conforme a variedade. Ela deve ser cultivada sob sol pleno ou meia-sombra, em solo ácido. A espécie é típica de clima temperado quente, mas tolera os climas temperado e subtropical de altitude.

Singônio (*Syngonium angustatum*) – Essa trepadeira apresenta um denso sistema foliar e pode apresentar folhas com desenhos variados, conforme o cultivar. Deve ser mantida sob meia-sombra, em clima tropical, já que é pouco tolerante ao frio. Ela gosta de solo rico em matéria orgânica, mantido úmido.

Jasmim-de-madagáscar (*Stephanotis floribunda*) Com ramos de mais de 5 m de comprimento, essa trepadeira enfeita a varanda com belas flores brancas e perfumadas. Ela é típica de clima tropical, tolerante a subtropical de baixa altitude e deve ser cultivada sob sol pleno ou meia-sombra.

Filodendro-roxo (*Philodendron* 'Majesty') – As folhas em forma de coração desse filodendro medem até 25 cm de comprimento. Elas são verde-acobreadas na parte de cima e vermelhas na parte de baixo. A espécie aprecia meia-sombra e é típica de clima tropical. O solo deve ser rico em matéria orgânica e mantido úmido.

Ipomeia-rubra (*Ipomoea horsfalliae*) – A florada exuberante é o principal atrativo dessa trepadeira, cujas flores vermelho-bordô surgem da primavera até o início do outono. A espécie aprecia sol pleno, solo rico em matéria orgânica e pode ser cultivada em clima tropical ou subtropical de baixa altitude.

Flor-de-cera (*Hoya carnosa*) As flores pequenas, com aspecto suculento e ceroso, renderam a essa espécie o nome de flor-de-cera. Elas surgem na primavera e no verão e são ótimas para enfeitar varandas sob meia-sombra. A trepadeira é típica de clima tropical, tolerante ao subtropical de baixa altitude.

Jiboia (*Epipremnum aureum*) Muito ornamental, essa trepadeira apresenta folhas verdes manchadas de amarelo que medem cerca de 15 cm quando a espécie é cultivada em vaso. A jiboia é típica de clima tropical úmido, tolerante a subtropical de baixa altitude ou litorâneo e aprecia sol pleno e meia-sombra.

Mandevila (*Mandevilla x amabilis*) – Praticamente o ano todo, a trepadeira apresenta flores rosa com miolo amarelo, que exalam perfume similar ao do tutti-frutti. A espécie não é agressiva e deve ser cultivada sob sol pleno. Ela é típica de clima tropical, mas tolera subtropical de baixa altitude.

Lágrima-de-cristo (*Clerodendrum thomsonae*)
Pequenas, as flores dessa trepadeira parecem pingentes. Elas surgem na primavera e verão em inflorescências pendentes. A espécie é típica de clima tropical, tolerante a subtropical de baixa altitude ou litorâneo e aprecia sol pleno e meia-sombra.

PALMEIRAS

Palmeira-rápis (*Rhapis excelsa*) – É a palmeira mais cultivada em vaso no mundo e pode passar anos nesse recipiente sem necessidade de replantio. Ela apresenta caules múltiplos e é típica de clima subtropical, tolerante a condições adversas. Deve ser mantida em solo úmido, sob meia-sombra.

Tamareira-de-jardim (*Phoenix roebelenii*) – Sucesso em todo mundo, essa palmeira tem grande efeito ornamental. Por apresentar crescimento lento, é muito cultivada em vasos sob sol pleno ou meia-sombra. É típica de clima tropical, mas tolera os climas subtropical e temperado quente.

Palmeirinha-de-petrópolis (*Lytocaryum weddellianum*)
Palmeira elegante, de folhagem com até 1 m de comprimento e aspecto delicado. Deve ser cultivada sob meia-sombra, em clima tropical úmido, pois não tolera o frio subtropical. Aprecia solo rico em matéria orgânica e mantido úmido.

Palmeira-bambu (*Chamaedorea elegans*)
Elegante, essa espécie de palmeira é muito usada em vasos. Ela apresenta folhas de aspecto delicado e deve ser cultivada sob meia-sombra, em clima tropical de altitude e em solo rico em matéria orgânica, mantido úmido.

Acerola (*Malpighia emarginata*) Este arbusto floresce na primavera e, em seguida, surgem os frutos vermelhos e vistosos. A espécie é típica de clima tropical, tolerante ao frio subtropical de baixa altitude e deve ser cultivada em solo rico em matéria orgânica, mantido úmido. Precisa de pelo menos três horas de sol por dia.

Laranjinha-imperial (*Fortunella japonica* 'Variegata') – Muito ornamental, a espécie apresenta flores brancas e perfumadas e frutos com 3 cm de diâmetro, que amadurecem no outono. Deve ser cultivada sob sol pleno, em clima subtropical de altitude e em solo rico em matéria orgânica.

Laranjinha-kinkan (*Fortunella margarita*) – Além de ornamental, a espécie é muito produtiva. Suas flores brancas e perfumadas surgem na primavera, e os frutos ficam maduros no outono e inverno. É recomendado o cultivo sob sol pleno, em clima tropical e solo rico em matéria orgânica, bem drenado e úmido.

Romã (*Punica granatum*) Muito ornamental, essa espécie apresenta flores vermelho-alaranjadas, que surgem principalmente no verão. Os frutos esféricos, com até 12 cm de diâmetro, ficam maduros no final do verão. A romã aprecia sol pleno e solo arenoso ou arenoargiloso, rico em matéria orgânica

Pitanguinha-de-mattos (*Eugenia mattosii*) – Essa frutífera pode ser cultivada como bonsai em vasos, sempre sob sol pleno. Suas flores brancas surgem no inverno e primavera. Já os frutos esféricos podem ser apreciados na primavera e verão. A espécie é típica de clima tropical.

Fruta-do-milagre (*Synsepalum dulcificum*) – Pouco conhecida, a espécie produz um fruto que inibe a capacidade de as pessoas sentirem sabores ácidos e amargos. Ideal para o cultivo em vasos, ela pode ser mantida sob sol pleno ou meia-sombra e aprecia climas tropical e subtropical. O solo deve ser ácido e bem drenado.

Beijo-pintado (*Impatiens x hawkeri*) – O principal atrativo da espécie é as flores grandes e vistosas, com até 5 cm de diâmetro. Elas podem ser brancas, alaranjadas, vermelhas, liláses ou bicolores. O beijo-pintado deve ser cultivado sob sol pleno em regiões frias e sob meia-sombra em locais quentes.

Zamioculca (*Zamioculcas zamiifolia*) – A folhagem dessa planta forma um conjunto tufoso ornamental. No verão, surgem as inflorescências compostas por minúsculas flores branco-esverdeadas. A zamioculca é típica de clima tropical quente, não tolerante ao frio e deve ser cultivada sob sombra.

Verbena (*Verbena tenera*) Muito delicada, a verbena pode ter flores brancas, liláses, arroxeadas, avermelhadas e até estriadas em duas cores, conforme a variedade. Ela é característica de clima subtropical, tolerante ao tropical de altitude e deve ser cultivada sob sol pleno, em solo rico em matéria orgânica.

Falsa-violeta-africana (*Streptocarpus saxorum* 'Concord Blue') – As flores lilás-arroxeadas dessa espécie surgem em grande quantidade da primavera até o outono. Ela deve ser cultivada sob meia-sombra ou sombra e podada no inverno. A planta é típica de clima subtropical úmido, tolerante a tropical de altitude.

Lírio-da-paz (*Spathiphyllum wallisii*) – Além da bela inflorescência envolvida por uma bráctea, o lírio-da-paz apresenta folhas elegantes e muito ornamentais. Ele é característico de clima topical quente e úmido e não tolera frio. Deve ser cultivado sob meia-sombra em solo rico em matéria orgânica.

Antúrio (*Anthurium andraeanum*) – Existem dezenas de variedades de antúrio. O principal atrativo da espécie é a inflorescência envolta por uma espádice colorida. As folhas em formato de coração também são muito ornamentais. A espécie é típica de clima tropical úmido e aprecia meia-sombra.

PENDENTES

Brinco-de-princesa (*Fuchsia hybrid*) – Existem centenas de cultivares dessa espécie, com flores de colorido e formas muito ricas. Elas surgem durante a primavera e o verão e atraem beija-flores. A espécie é típica de clima subtropical, tolerante ao tropical de altitude e deve ser cultivada sob meia-sombra.

Ripsális (*Rhipsalis pilocarpa*) Este cacto apresenta ramos suculentos e pendentes. As flores esbranquiçadas despontam na primavera e, em seguida, surgem pequenos frutos róseo-avermelhados, muito vistosos e encobertos por espinhos. Deve ser cultivado sob meia-sombra em solo rico em matéria orgânica.

Cacto-macarrão (*Rhipsalis baccifera*) – Cacto com ramos pendentes e suculentos, de mais de 1,8 metro. No inverno e primavera, surgem pequenas flores esbranquiçadas, que dão origem a pequenos frutos. Deve ser cultivado sob meia-sombra ou sombra, em clima tropical ou subtropical. O solo pode ser fibra de coco.

Peixinho (*Nematanthus gregarius*) – De grande valor ornamental, a semi-herbácea apresenta flores com formato que lembra peixinhos. Ela é típica de clima tropical quente e úmido, não tolerante ao frio e deve ser cultivada sob meia-sombra, em terra vegetal misturada com casca de pínus ou fibra de coco triturada.

Peperômia-filodendro (*Peperomia scandens* 'Variegata') – A mais cultivada das peperômias apresenta folhas verde-claras com bordas esbranquiçadas. Típica de clima tropical e tolerante a subtropical, a espécie deve ser mantida sob meia-sombra ou sob luz difusa, em solo rico em matéria orgânica.

Planta-batom (*Aeschynanthus lobbianus*) – A espécie apresenta flores vermelhas e tubulares que nascem entre o verão e o outono. Deve ser cultivada em vasos suspensos, sob meia-sombra, protegida dos ventos fortes. A planta é típica de clima tropical quente e úmido e aprecia solo rico em matéria orgânica.

Gerânio-pendente (*Pelargonium peltatum*)
É uma das plantas mais cultivadas em vaso no mundo. Inflorescências repletas de flores surgem principalmente na primavera e no verão. A espécie é típica de clima subtropical, tolerante ao tropical de altitude e deve ser cultivada sob sol pleno.

Bacopa (*Sutera cordata*) – De aspecto delicado, a planta apresenta folhas em forma de coração e flores brancas que despontam durante boa parte do ano. Pode ser cultivada sob sol pleno ou meia-sombra, em clima subtropical, já que não tolera o calor dos trópicos. O solo deve ser rico em matéria orgânica e bem drenado.

SUCULENTAS

Árvore-candelabro (*Euphorbia ingens*) – Muito vigorosa, essa espécie de grande porte é muito escultural. Ela é característica de clima tropical e pode ser cultivada em vasos sob sol pleno. O solo pode ser arenoso, regado a intervalos.

Espada-de-são-jorge-variegada (*Sansevieria trifasciata* 'Laurentii')
A suculenta entouceirada se destaca por apresentar folhas com bordas amareladas. Ela é típica de clima tropical árido e pode ser cultivada sob sol pleno ou meia-sombra. O solo pode ser arenoso.

Lança-de-são-jorge (*Sansevieria cylindrica*) – Espécie exótica e interessante por suas folhas cilíndricas, que nascem à forma de uma touceira. Elas são verdes com manchas branco-acinzentadas. A planta deve ser cultivada sob sol pleno, em clima tropical árido e solo arenoso regado a intervalos.

Capa
Projeto: Alexandre Galhego
Arquitetura: Andrea Gonzaga

Varanda na página 2
Projeto: Gilda Meirelles

Varanda na página 4
Projeto: Eneida Fairbanks

Endereços

Aglaê Mazzorra (paisagista)
Tel.: (11) 5543-4007

Alexandre Galhego
(engenheiro agrônomo e paisagista)
Tel.: (19) 3294-9836

Andréa Gonzaga (arquiteta)
Tel.: (11) 5533-5171

Armando Cerello
Tel.: (11) 3085-3400

Aroeira Móveis
Tel.: (11) 3887-8621
www.aroeiradecor.com.br

Arthur Toldos e Coberturas
Tel.: (11) 4438-0405

Barracão de Antiguidades
Tel.: (21) 2642-3993

Breton Móveis
Tel.: (11) 3062-5052
www.breton.com.br

Bya Barros (decoradora)
Tel.: (11) 3061-9029

Camila Cezário
(arquiteta e designer de interiores)
Tel.: (11) 7881-5937

Casa da Fazenda do Morumbi
Tel.: (11) 3742-2810
www.casadafazenda.com.br

Casual Móveis
Tel.: (11) 3815 0632
www.casualmoveis.com.br

Claudio Monteiro (arquiteto)
Tel.: (19) 4034-3677

Cristiane Rodrigues Pedras Ornamentais
Tel.: (11) 3832-1177

Cristina Fischetti Bönecker
(arquiteta paisagista)
Tel.: (11) 9959-0628

Daniela Sedo (arquiteta paisagista)
Tel.: (11) 5505-3088

Denise Isper (decoradora)
Tel.: (11) 9977-3930

Denise Zuba (decoradora)
Tel.: (61) 3366-2323

Elaine Camacho (arquiteta)
Tel.: (11) 5641-1198

Emilia S. Kai (paisagista da Mit Garden)
Tel.: (11) 3835-8704

Eneida Fairbanks (Arquiteta da EF Arquitetura)
Tel.: (11) 4024-2338

Fazenda Vila Rica
Tel.: (11) 3663-2018

Floricultura Úrsula
Tel.: (54) 3281-9000

Garden Center Morumbi
Tel.: (11) 3778-3001

Gilda Meirelles (arquiteta)
Tel.: (11) 3085-1752

Gilmar Gumy (engenheiro agrônomo)
Tel.: (42) 3423-1766

Gladys N. dos Reis (arquiteta)
Tel.: (11) 3061-2749

Hydroteck
Tel.: (11) 3832-1924

Jacaré do Brasil
Tel.: (73) 3668-1470
www.jacaredobrasil.com.br

Jeane Calderan e Celso Bergamasco
(paisagistas da Calux Paisagismo)
Tel.: (11) 5543-9599

Jorge Kluwe (arquiteto)
Tel.: (11) 5687-5736

JRJ Tecidos
Tel.: (11) 3849-3629

Kátia Rodrigues de Almeida (paisagista)
Tel.: (11) 4702-5514

L´Oeil
Tel.: 3896-3211
www.loeil.com.br

Leonardo Junqueira (decorador)
Tel.: (11) 3088-7578

Maria Eugênia Prada (paisagista)
Tel.: (11) 3088-6016

Maringá Pilz e Bárbara Uccello (paisagistas)
Tel.: (11) 3085-6560

Martha Guedes (paisagista
da Natural Paisagismo)
Tel.: (11) 3081-2054

Meire Gomide (decoradora)
Tel.: (31) 3295-6692

Patricia Pessoa (designer)
Tel.: (19) 4034-3677

Regatta Tecidos
Tel.: (11) 3834-2724
www.regattatecidos.com.br

Roberto Riscala (paisagista)
Tel.: (11) 3044-4049

Rogério Castro (designer de interiores)
Tel.: (11) 7598-6694

RRG Engenharia
Tel.: (11) 3846-9898

Sig Bergamin (arquiteto)
Tel.: (11) 3081-3433

Sunbrella Tecidos
Tel.: (11) 3085-5081
www.sunbrella.com.br

Tapeçaria Barreto
Tel.: (11) 6291-3396

Taúna Móveis
Tel: (11) 3063-1726
www.taunamoveis.com.br

Tok&Stock
Tel.: 0800 701-0161
www.tokstok.com.br

Valquiria Neri (artista plástica)
Tel.: (11) 8164-6998

Vasos e Criações
Tel.: (11) 4616-9372

Veralice R. Russo de Morais (arquiteta)
Tel.: (11) 9973-7322

Vila da Cor Arquitetura e Decoração
Tel.: (54) 3281-3633

Vilma Guerreiro (paisagista)
Tel.: (11) 4688-2048